LIGHTHOUSE

Vokabeltaschenbuch

2

Vokabel
Trainer
Cornelsen

Vokabeltrainer-App

Verfügbar für: iOS, Android und Windows Phone

Cornelsen

Das **Vocabulary** enthält alle neuen Wörter und Wendungen des Buches, die du **lernen** musst. Sie stehen in der Reihenfolge, in der sie im Buch zum ersten Mal vorkommen.

Hier siehst du, wie das **Vocabulary** aufgebaut ist:

Diese Zahl gibt die **Seite** an, auf der die Wörter zum ersten Mal vorkommen.
p. 10 = Seite 10

Die **Lautschrift** zeigt dir, wie ein Wort ausgesprochen wird. Eine Übersicht über die **Lautschriftzeichen** findest du auf S. 5.

p. 10	**I'd like to** go home. (= **I would like to** …) [wʊd]	Ich würde gern nach Hause gehen.	**I'd like to** go to the park. What **would you like to** do?
	meet: I **met** [met]	treffen: ich traf/ich habe getroffen	
	chain [tʃeɪn]	Kette	a **chain** 
p. 11	we **didn't have** a … [dɪdnt]	wir hatten kein/keine …	we **had** ◄► we **didn't ha**[ve]
	get: I **got** [gɒt]	bekommen: ich bekam/ich habe bekommen	
	its name [ɪts]	sein Name/ihr Name	→ This is my hamster. **Its** name is Joe.
	quite [kwaɪt]	ziemlich	
	at break [breɪk]	in der Pause *(zwischen*	**At break** it's always quite noisy at school.

I – **my** name	**we** – **our** names
you – **your** name	**you** – **your** names
he – **his** name	**they** – **their** names
she – **her** name	
it – **its** name	

Dies ist das „Gegenteil"-Zeichen.
we **had** ◄► we **didn't have**
bedeutet: „we **had**" ist das Gegenteil von „we **didn't have**".

Der **blaue Pfeil** heißt: Zu diesem Eintrag gibt es in der rechten Spalte einen blauen Kasten.

its name [ɪts]	sein Name/ihr Name	→ This is my hamster. **Its** name is Joe.
		I – **my** name; **you** – **your** name; **he** – **his** name; **she** – **her** name; **it** – **its** name; **we** – **our** names; **you** – **your** names; **they** – **their** names
quite [kwaɪt]	ziemlich	
at break [breɪk]	in der Pause *(zwischen Schulstunden)*	**At break** it's always quite noisy at school.
alone [ə'ləʊn]	allein	! **alone** = allein – **lonely** = einsam
long [lɒŋ]	lang	Yesterday I got a **long** letter from grandma.
short [ʃɔːt]	kurz	**long** ◄► **short**

Das **rote Ausrufezeichen** bedeutet:
Vorsicht, hier macht man leicht Fehler!

Die **blauen Kästen** solltest du dir immer besonders gut ansehen. Dort stehen wichtige Hinweise zu den neuen Wörtern.

Im **Vocabulary** werden folgende **Abkürzungen und Symbole** verwendet:

p. = page (Seite)
pp. = pages (Seiten)
sb. = somebody (jemand)
sth. = something (etwas)
jn. = jemanden
jm. = jemandem
pl = *plural* (Mehrzahl)
infml = *informal* (umgangssprachlich)

English sounds

[iː]	green, he, sea
[ɑː]	ask, class, car, park
[ɔː]	or, ball, door, four, morning
[uː]	ruler, blue, too, two, you
[ɜː]	early, her, girl, work, T-shirt
[ɪ]	in, big, expensive
[e]	yes, bed, again, breakfast
[æ]	animal, apple, black, cat
[ʌ]	mum, bus, colour
[ɒ]	song, on, dog, what
[ʊ]	book, good, pullover
[ə]	again, today, a sister
[i]	happy, monkey
[eɪ]	name, eight, play, great
[aɪ]	I, time, right, my
[ɔɪ]	boy, toilet, noise
[əʊ]	old, no, road, yellow
[aʊ]	now, house
[eə]	where, pair, share, their
[ʊə]	tour

[b]	bike, table, verb
[p]	pen, paper, shop
[d]	day, window, good
[t]	ten, letter, at
[g]	go, again, bag
[k]	kitchen, car, back
[m]	man, remember, mum
[n]	no, one, ten
[ŋ]	wrong, young, uncle, thanks
[l]	like, old, small
[r]	ruler, friend, sorry
[w]	we, where, one
[j]	yes, you, uniform
[f]	family, after, laugh
[v]	very, seven, have
[s]	six, poster, yes
[z]	zoo, quiz, his, music, please
[ʃ]	she, station, English
[ʒ]	usually, revision, garage
[tʃ]	child, teacher, watch
[dʒ]	job, German, project, orange
[θ]	thing, three, bathroom, both
[ð]	the, father, with
[h]	house, who, behind

Am besten kannst du dir die Aussprache der einzelnen Lautzeichen einprägen, wenn du dir zu jedem Zeichen ein einfaches Wort merkst – das [iː] ist der **green**-Laut, das [eɪ] ist der **name**-Laut usw.

The English alphabet

a	[eɪ]	n	[en]
b	[biː]	o	[əʊ]
c	[siː]	p	[piː]
d	[diː]	q	[kjuː]
e	[iː]	r	[ɑː]
f	[ef]	s	[es]
g	[dʒiː]	t	[tiː]
h	[eɪtʃ]	u	[juː]
i	[aɪ]	v	[viː]
j	[dʒeɪ]	w	['dʌbljuː]
k	[keɪ]	x	[eks]
l	[el]	y	[waɪ]
m	[em]	z	[zed]

Unit 1: Together again

p. 8	**mountain** ['maʊntən]	Berg
	lake [leɪk]	(Binnen-)See
	barbecue ['bɑːbɪkjuː]	Grillfest, Grillparty
	walk around [wɔːk ə'raʊnd]	umhergehen, herumlaufen
	they **weren't** … [wɜːnt]	sie waren nicht … →

! the **sea** – das Meer, die See
the **lake** – der See

Yes	No
I was	**I wasn't**
you were	**you weren't**
he/she/it was	**he/she/it wasn't**
we were	**we weren't**
you were	**you weren't**
they were	**they weren't**

weather ['weðə]	Wetter	
warm [wɔːm]	warm	
hot [hɒt]	heiß	
cold [kəʊld]	kalt	
sunny ['sʌni]	sonnig	
sun [sʌn]	Sonne	
rainy ['reɪni]	regnerisch	
rain [reɪn]	Regen	

p. 9 **beautiful** ['bjuːtɪfl]	schön	Your baby sister is a **beautiful** little girl.
these [ðiːz]	die, diese (hier)	
tomorrow [tə'mɒrəʊ]	morgen	

Theme 1

p. 10	**give** [gɪv]	geben	
	go: I **went** [went]	gehen: ich ging / ich bin gegangen	
	stay: I **stayed** [steɪd]	bleiben: ich blieb / ich bin geblieben	→ **Vergangenheit:** I **helped**, we **learned**, we **lived**, I **played**, I **stayed**, I **started**, we **visited**, …
	funny ['fʌni]	witzig, komisch	
	poor Ellie [pɔː], [pʊə]	(die) arme Ellie	
	yesterday ['jestədeɪ], [-di]	gestern	**Yesterday** I was home late. Mum wasn't happy.
	read: I **read** [red]	lesen: ich las / ich habe gelesen	! Aussprache: • *Grundform u. Gegenwartsform:* I always **read** in bed. [riːd] • *Vergangenheitsform:* Yesterday I **read** a comic. [red]
	have to do sth.	etwas tun müssen	Look, it's late. We **have to** go now. ! *German* **müssen** = **1.** have to; **2.** must (**have to** wird häufiger verwendet als **must**)
	class [klɑːs]	Unterricht; Kurs	

	I'd like to go home. (= **I would like to** ...) [wʊd]	Ich würde gern nach Hause gehen.	**I'd like to** go to the park. What **would you like to** do?
	meet: I **met** [met]	treffen: ich traf/ich habe getroffen	
	chain [tʃeɪn]	Kette	a **chain** 
p. 11	we **didn't have** a ... [dɪdnt]	wir hatten kein/keine ...	we **had** ◄► we **didn't have**
	get: I **got** [gɒt]	bekommen: ich bekam/ich habe bekommen	
	its name [ɪts]	sein Name/ihr Name	➜ This is my hamster. **Its** name is Joe. **I** – **my** name; **you** – **your** name; **he** – **his** name; **she** – **her** name; **it** – **its** name **we** – **our** names; **you** – **your** names; **they** – **their** names
	quite [kwaɪt]	ziemlich	
	at break [breɪk]	in der Pause *(zwischen Schulstunden)*	**At break** it's always quite noisy at school.
	alone [ə'ləʊn]	allein	! **alone** = allein – **lonely** = einsam

long [lɒŋ]	lang	Yesterday I got a **long** letter from grandma.
short [ʃɔːt]	kurz	**long ◄► short**

Theme 2

p. 12 **newsletter** ['njuːzletə]	Mitteilungsblatt, Informationsblatt	
lunchtime ['lʌntʃtaɪm]	Mittagszeit	
unfit [ʌn'fɪt]	nicht fit	**fit ◄► unfit**
get fit/hot/… [get]	fit/heiß/… werden	It's **getting** very hot in here. Can you open a window, please?
experiment [ɪk'sperɪmənt]	Experiment, Versuch	
act [ækt]	Theater spielen; schauspielern	
do: I **did** [dɪd]	machen: ich machte / ich habe gemacht; tun: ich tat / ich habe getan	
Christmas ['krɪsməs]	Weihnachten	
play [pleɪ]	Theaterstück	
healthy ['helθi]	gesund	Get fit and **healthy** – join our football club.
yummy ['jʌmi] *(infml)*	lecker	

	trip [trɪp]	Ausflug; Reise	
p. 13	**Which** club? [wɪtʃ]	Welcher Klub?	**Which** club would you like to join?
	project ['prɒdʒekt]	Projekt	
	better ['betə]	besser	
	more ideas [mɔː]	mehr Ideen; weitere Ideen	
	find sth. **out** [faɪnd 'aʊt]	etwas herausfinden	
	put sth. **in** [pʊt 'ɪn]	etwas einsetzen, eingeben	**Put in** your name and address.
	circle ['sɜːkl]	Kreis	a **circle** 

Focus on language

p. 14	**so** [səʊ]	also; deshalb, daher	It was too hot in the garden, **so** we went inside.
	channel ['tʃænl]	Kanal	
	drive [draɪv], *simple past:* **drove** [drəʊv]	*(mit dem Auto)* fahren	Does your father **drive** to work? – No, he usually goes by bike.

make friends, *simple past:* **made** [meɪd]	Freunde finden	
be/feel homesick ['həʊmsɪk]	Heimweh haben	
present ['preznt]	Gegenwart	**!** **present** = **1.** Geschenk **2.** Gegenwart
past [pɑːst]	Vergangenheit	

Unregelmäßige Vergangenheitsformen – Irregular simple past forms

infinitive	simple past		infinitive	simple past	
be	**was, were**	*sein*	**have**	**had** [hæd, həd]	*haben*
feel	**felt** [felt]	*(sich) fühlen*	**make**	**made** [meɪd]	*machen*
find	**found** [faʊnd]	*finden*	**put in**	**put in**	*eingeben, einsetzen*
give	**gave** [geɪv]	*geben*	**say**	**said** [sed]	*sagen*

▸ *Unregelmäßige Verben, pp. 63–66*

p. 15	**rule** [ruːl]	Regel	
	sentence ['sentəns]	Satz	
p. 16	**look for** ['lʊk fɔː]	suchen	I'm **looking for** Adrian. Where is he?
	ask sb. **about** sth.	sich bei jm. nach etwas erkundigen	You can **ask** Adam and Ellie **about** all the clubs at Eggy.
	in the end	schließlich, zum Schluss	
	winner ['wɪnə]	Gewinner/in	

each [iːtʃ]	jeder/jede/jedes (einzelne)	**Each** student can ask one question.
finish ['fɪnɪʃ]	beenden, zu Ende machen	First **finish** your homework, then you can phone your friends.
forget [fə'get], *simple past:* **forgot** [fə'gɒt]	vergessen	It's dad's birthday tomorrow. Don't **forget** it. **remember** ◄► **forget**

Story

p. 17

Unregelmäßige Vergangenheitsformen – Irregular simple past forms

infinitive	simple past		infinitive	simple past	
buy	**bought** [bɔːt]	*kaufen*	**sit**	**sat** [sæt]	*sitzen*
come	**came** [keɪm]	*kommen*	**think**	**thought** [θɔːt]	*denken*
drink	**drank** [dræŋk]	*trinken*	**understand**	**understood** [ʌndə'stʊd]	*verstehen*
eat	**ate** [et, eɪt]	*essen*	**win**	**won** [wʌn]	*gewinnen*
see	**saw** [sɔː]	*sehen*	**write**	**wrote** [rəʊt]	*schreiben*

► *Unregelmäßige Verben, pp. 63–66*

a few [fjuː]	ein paar, einige	You're hungry? There are **a few** apples in the kitchen.
minute ['mɪnɪt]	Minute	
for a few minutes	ein paar Minuten (lang)	

Next ... [nekst]	Als Nächstes ...	**Next** I'd like to look at some photos with you.
another [ə'nʌðə]	ein(e) andere(r, s); noch ein(e)	I don't like hamsters. Can I have **another** pet? Can I have **another** apple? They're yummy.
without [wɪ'ðaʊt]	ohne	**with** ◄► **without**
answer ['ɑːnsə]	antworten; beantworten	**!** **answer** = **1.** Antwort **2.** antworten; beantworten
when	als	→ **when** **1. When**'s your birthday? **Wann** hast du Geburtstag? **2.** Phone me **when** you're back. Ruf mich an, **wenn** du zurück bist. **3.** She phoned me **when** she was back. Sie rief mich an, **als** sie zurück war.
at first	zuerst, am Anfang	**At first** the water was very cold, but later it got warmer.
get sth. [get], *simple past:* **got** [gɒt]	(sich) etwas holen, (sich) etwas besorgen	→ **get,** *simple past:* **got** **1. bekommen** – My dad **got** a job there. ... **bekam** dort Arbeit. **2. werden** – It **got** very hot in the room. Es **wurde** sehr warm ... **3. holen, besorgen** – Go and **get** help. Geh und **hol** Hilfe.
school yard ['skuːl jɑːd]	Schulhof	
wait (for) [weɪt]	warten (auf)	She **waited for** Luca, but he didn't come.

surprised [sə'praɪzd]	überrascht	
sad [sæd]	traurig	**happy** ◄► **sad**
p. 18 **just like** Berry ['dʒʌst laɪk]	genau wie Berry	
eye [aɪ]	Auge	
What's the matter? ['mætə]	Was ist denn? / Was ist los?	You look sad. **What's the matter?** 
die [daɪ]	sterben	! Schreibung: **die, died** – She **died** last year. *aber:* **dying** – This tree is **dying**.
that's why	deshalb, darum	Ellie was alone. **That's why** she felt lonely.

	cry [kraɪ]	weinen	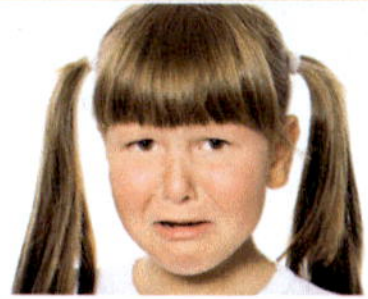 She's **crying**.
p. 19	**unfriendly** [ʌn'frendli]	unfreundlich	**friendly** ◄► **unfriendly**

Skills training

p. 20	**collect** [kə'lekt]	sammeln	My friend Jamie **collects** comics.
	opposite ['ɒpəzɪt]	Gegenteil	What's the **opposite** of 'with'? – 'Without'.
	tip [tɪp]	Tipp	

Opposites with 'un-'

cool – **uncool** [ʌn'kuːl] *uncool*
fit – **unfit** [ʌn'fɪt] *nicht fit*
friendly – **unfriendly** [ʌn'frendli] *unfreundlich*
happy – **unhappy** [ʌn'hæpi] *unglücklich*
healthy – **unhealthy** [ʌn'helθi] *ungesund*
interesting – **uninteresting** [ʌn'ɪntrəstɪŋ] *uninteressant*
sure – **unsure** [ʌn'ʃʊə, ʌn'ʃɔː] *unsicher*
welcome – **unwelcome** [ʌn'welkəm] *unerwünscht, unwillkommen*

p. 21	**ice cream** [aɪs 'kriːm]	(Speise-)Eis	
p. 22	**strange** [streɪndʒ]	seltsam, sonderbar	
	wear [weə], *simple past:* **wore** [wɔː]	tragen, anhaben *(Kleidung)*	At some British schools, students have to **wear** a uniform.

mustn't do ['mʌsnt]	nicht tun dürfen	→
scarf, *pl* **scarves** [skɑːf], [skɑːvz]	Schal	
p. 23 **Oh dear.**	Oje!	
angry ['æŋgri]	wütend	
shy [ʃaɪ]	schüchtern, scheu	

must – mustn't

- **must** = **müssen**
  You **must** do your homework now.
- **mustn't** = **nicht dürfen**
  You **mustn't** wear trainers at school.

Unit 2: Neighbours

pp. 28/29 **neighbour** ['neɪbə]	Nachbar/in	
post office ['pəʊst ɒfɪs]	Postamt	
garage ['gærɑːʒ]	(Auto-)Werkstatt	! **garage** = **1.** Garage; **2.** Werkstatt
electronics [ɪlek'trɒnɪks]	Elektronik	
lane [leɪn]	Gasse, Weg *(oft als Teil von Straßennamen)*	
cake [keɪk]	Kuchen	
car park ['kɑː pɑːk]	Parkplatz	
hair [heə]	Haar, Haare	! *German:* Deine **Haare sind** zu lang. *English:* Your **hair is** too long.

a car park

woman, *pl* **women** ['wʊmən], ['wɪmɪn]	Frau	! one **woman** – two, three, four **women** one **man** – two, three, four **men**
newsagent ['nju:zeɪdʒənt]	Zeitungshändler/in	
letter box ['letəbɒks]	Briefkasten	an English **letter box**
hairdresser ['heədresə]	Friseur/in	

the hairdresser's / the newsagent's
Wenn man das Geschäft oder den Laden meint, wird **'s** an die Berufsbezeichnung angehängt.

My father is at the **hairdresser's**. – *... beim Friseur*
The **newsagent's** is on the left. – *Der Zeitungsladen ...*

Who did Adam meet?	Wen hat Adam getroffen?/ Wen traf Adam?	
map [mæp]	Stadtplan; Landkarte	
Did they **go?**	Sind sie gegangen?/ Gingen sie?	
bus stop ['bʌs stɒp]	Bushaltestelle	
traffic lights *(pl)* ['træfɪk laɪts]	Verkehrsampel	

! *German:* Da **ist eine Ampel**.
English: There **are some traffic lights**.

	flower ['flaʊə]	Blume; Blüte	
	neighbourhood ['neɪbəhʊd]	Nachbarschaft, Viertel, Gegend	There's a bike shop in my **neighbourhood**.
	we **don't have any ...**	wir haben kein/e ...	We **don't have any** cafes in our neighbour-hood. **we have some ◄► we don't have any**

Theme 1

p. 30	**(Great) Britain** ['brɪtn]	Großbritannien	
	popular ['pɒpjələ]	beliebt, populär	Football is very **popular** in Germany.
	more popular [mɔː]	beliebter	
	milk [mɪlk]	Milch	
	bread [bred]	Brot	 **white bread**  **black bread**
	sausage ['sɒsɪdʒ]	Wurst, Würstchen	
	Would you like some tea/ chips**?** [wʊd]	Möchtest du (etwas) Tee / (ein paar) Pommes frites?	
	I'll have ...	Ich nehme ... *(beim Essen, im Restaurant)*	**I'll have** a sausage and some water, please.
p. 31	**collar** ['kɒlə]	Halsband	

Good boy. / Good dog.	Braver Junge. / Braver Hund.
suddenly ['sʌdnli]	plötzlich, auf einmal
firework ['faɪəwɜːk]	Feuerwerkskörper
fireworks *(pl)*	Feuerwerk
run [rʌn], *simple past:* **ran** [ræn]	rennen, laufen
be scared (of) [skeəd]	Angst haben (vor)
We'll find him. [wiːl]	Wir werden ihn finden.
hour ['aʊə]	Stunde
half an hour [hɑːf ən 'aʊə]	eine halbe Stunde
put [pʊt], *simple past:* **put**	*(etwas wohin)* tun, legen, stellen

a firework

fireworks

! *German:* **eine halbe** Stunde
English: **half an** hour

Put all the photos in the box, please.

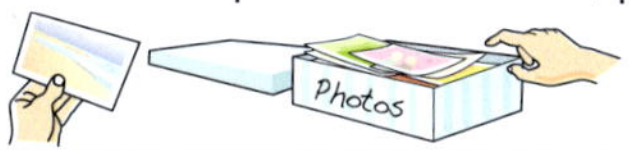

Unregelmäßige Vergangenheitsformen – Irregular simple past forms

infinitive	simple past		infinitive	simple past	
bring	**brought** [brɔːt]	*(mit)bringen*	**ride**	**rode** [rəʊd]	*reiten; (Rad) fahren*
fall	**fell** [fel]	*fallen; hinfallen*	**ring**	**rang** [ræŋ]	*läuten, klingeln*
feed	**fed** [fed]	*füttern*	**send**	**sent** [sent]	*schicken, senden*
know	**knew** [njuː]	*wissen; kennen*	**sing**	**sang** [sæŋ]	*singen*

► *Unregelmäßige Verben, pp. 63–66*

the dogs' home	das Hundeheim	→ **Einzahl:** **the dog's home** das Zuhause des Hundes; **the dog's name** der Name des Hundes — **Mehrzahl:** **the dogs' home** das Zuhause der Hunde/das Hundeheim; **the dogs' names** die Namen der Hunde
owner ['əʊnə]	Eigentümer/in, Besitzer/in	
tail [teɪl]	Schwanz	

Theme 2

p. 32 **this morning/afternoon/ evening**	heute Morgen/Nachmittag/ Abend	Let's meet at 3 o'clock **this afternoon**. ! *German* **heute** = **today** *German* **heute Morgen/Nachmittag/Abend** = **this morning/afternoon/evening**
I see.	Ach so./Aha./Verstehe.	
tell (about) [tel], *simple past:* **told** [təʊld]	erzählen (von), berichten (über)	**Tell** us **about** your holidays.
they think **that** … [ðæt], [ðət]	sie glauben, dass …	They think **that** Buster is in the dogs' home.
open ['əʊpən]	offen, geöffnet	
take [teɪk], *simple past:* **took** [tʊk]	nehmen	**give** ◄► **take**

	ear [ɪə]	Ohr	
p. 33	**adopt** [ə'dɒpt]	adoptieren; *(Tier)* bei sich aufnehmen	
	go out [gəʊ 'aʊt]	rausgehen, weggehen, ausgehen	
	check [tʃek]	(über)prüfen, kontrollieren	
	check the internet	im Internet nachschauen	
	go for a walk	einen Spaziergang machen, spazieren gehen	
	budgie ['bʌdʒi]	Wellensittich	

Focus on language

p. 34	**bonfire** ['bɒnfaɪə]	*(großes Freuden-)*Feuer	a **bonfire**
	celebrate ['selɪbreɪt]	feiern	My grandmother **celebrated** her 60th birthday last week.
	costume ['kɒstjuːm]	Kostüm, Verkleidung	
	potato, *pl* **potatoes** [pə'teɪtəʊ], [pə'teɪtəʊz]	Kartoffel	
	clothes *(pl)* [kləʊðz]	Kleidung, Kleidungsstücke	! *German:* Ihre gesamte **Kleidung ist** schwarz. *English:* All her **clothes are** black.

p. 35	**biscuit** ['bɪskɪt]	Keks, Plätzchen	**!** *German* Keks – *English* **biscuit** *German* Kuchen – *English* **cake**
	cocoa ['kəʊkəʊ]	Kakao	
	New Year	Neujahr	
	chocolate ['tʃɒklət]	Schokolade	
	witch [wɪtʃ]	Hexe	

p. 36	**mystery** ['mɪstri]	Geheimnis	
	Who did Mia talk to?	Mit wem hat Mia gespro-chen? / Mit wem sprach Mia?	
	someone ['sʌmwʌn] (*or:* **somebody** ['sʌmbədi])	jemand	There's **someone/ somebody** at the door. **!** **someone** *or* **somebody** = jemand **everyone** *or* **everybody** = jeder; alle

Story

p. 37	**jacket** ['dʒækɪt]	Jacke, Jackett	
	hat [hæt]	Hut	
	mask [mɑːsk]	Maske	
	toy [tɔɪ]	Spielzeug	
	audience ['ɔːdiəns]	Publikum; Zuschauer/innen, Zuhörer/innen	
	pick [pɪk]	(aus)wählen, aussuchen	
p. 38	**actor** ['æktə]	Schauspieler/in	
	point (to sb./sth.**)** [pɔɪnt]	(auf jn./etwas) zeigen, deuten	
	look up [lʊk 'ʌp]	aufschauen, hochsehen	
	nearly ['nɪəli]	fast, beinahe	
p. 39	**silly** ['sɪli]	albern; blöd	
	whisper ['wɪspə]	flüstern	He was scared. "There's someone at the door," he **whispered**.
	if you don't have a pound [ɪf]	wenn/falls du kein Pfund hast	"**If** you like him, phone him," she said.
	How many …? ['meni]	Wie viele …?	**How many** boys are in your class?

*Bin ich blöd!

Skills training

p. 40	**do better** ['betə]	besser abschneiden	I want to **do better** in tests.
p. 41	**penfriend** ['penfrend]	Brieffreund/in	
	at least [ət 'liːst]	mindestens, wenigstens	
p. 42	**directions** *(pl)* [də'rekʃnz]	Wegbeschreibung(en)	
	tell sb. **the way**	jm. den Weg beschreiben	
	ask sb. **the way**	jn. nach dem Weg fragen	She's **asking** him **the way**.
	cross [krɒs]	überqueren	Don't **cross** the road here. It's too dangerous.
	turn right/left [tɜːn]	(nach) rechts/links abbiegen	
	along the street [ə'lɒŋ]	die Straße entlang	**!** *German:* Geh **die Straße** entlang. *English:* Go along **the street**.
	metre ['miːtə]	Meter	
	past the shop [pɑːst]	am Laden vorbei	Go **past** the garage and turn left.
	bank [bæŋk]	Bank *(Geldinstitut)*	
p. 43	**toilet roll** ['tɔɪlət rəʊl]	Rolle Toilettenpapier	

scary ['skeəri]	unheimlich, gruselig	! a **scary** film – unheimlich, gruselig the boy was **scared** – verängstigt
scare sb. [skeə]	jn. erschrecken, jm. Angst machen	The fireworks were so noisy, they **scared** our dog.

Unit 3: Teen talk

pp. 48/49	**teen talk** ['ti:n tɔ:k]	*etwa:* Teenagergespräche	
	perfect ['pɜ:fɪkt]	perfekt, ideal	! Betonung auf der 1. Silbe: **perfect** ['pɜ:fɪkt]
	chill [tʃɪl] *(infml)*	relaxen, sich ausruhen	
	stuff [stʌf] *(infml)*	Zeug, Kram	
	ski [ski:]	Ski laufen, Ski fahren	
	do chores [tʃɔ:z]	(Haus-)Arbeiten erledigen	
	exciting [ɪk'saɪtɪŋ]	aufregend, spannend	**exciting ◄► boring**
	also ['ɔ:lsəʊ]	auch	I like coffee and I like tea too. = I like coffee and I **also** like tea.
	survey ['sɜ:veɪ]	Umfrage	
	How much ...? [haʊ 'mʌtʃ]	Wie viel ...?	**How much** money/time/homework do we have?
	much [mʌtʃ]	viel	We don't have **much** time – and there's so **much** work to do!

much („viel") – many („viele")

„viel"	**How much** coffee do we need?	– We do**n't** need **much** coffee, but we need **lots of** milk.
	Wie viel Kaffee …?	– **nicht viel** Kaffee **viel** Milch
„viele"	**How many** DVDs do you have?	– I do**n't** have **many** DVDs, but I have **lots of** CDs.
	Wie viele DVDs …?	– **nicht viele** DVDs **viele** CDs

nobody ['nəʊbədɪ]	niemand	**everybody** ◄► **nobody**

Theme 1

p. 50 **magazine** [mægə'ziːn]	Zeitschrift, Magazin	
pocket ['pɒkɪt]	Tasche *(Manteltasche, Hosentasche usw.)*	
pocket money ['pɒkɪt mʌni]	Taschengeld	
mean [miːn]	geizig	**!** **mean** = **1.** gemein, fies; **2.** geizig
older **than** me/you/him/… [ðən]	älter als ich/du/er/…	**!** *German:* älter **als ich/er/wir/…** *English:* older **than me/him/us/…**
What **should** I do? [ʃʊd]	Was sollte ich tun?	What **should** I do? – I think you **should** talk to your parents.

	to [tʊ]	um zu	What can I do **to** get some money?
	until [ən'tɪl]	bis *(zeitlich)*	We can play **until** 2 o'clock – **until** mum comes home.
	you **could** … [kʊd]	du könntest …	What **could** I do? – You **could** ask your teacher.
	a little money/time/…	ein bisschen Geld/Zeit/…	
	What do you need money for?	Wofür brauchst du Geld?	! *German:* **Wofür** brauchst du das? *English:* **What** do you need that **for**?
p. 51	**hoover** ['huːvə]	staubsaugen	
	fill [fɪl]	füllen	
	dishwasher ['dɪʃwɒʃə]	Geschirrspülmaschine, Geschirrspüler	
	empty ['empti]	leeren	

cut [kʌt], *simple past:* **cut**	schneiden; *(Rasen)* mähen	
grass [grɑːs]	Gras; Rasen	

She's cutting the grass.

Unregelmäßige Vergangenheitsformen – Irregular simple past forms

infinitive	simple past			infinitive	simple past		
hear	**heard**	[hɜːd]	*hören*	**sleep**	**slept**	[slept]	*schlafen*
hide	**hid**	[hɪd]	*(sich) verstecken*	**speak**	**spoke**	[spəʊk]	*sprechen*
set the table	**set** the table	[set]	*den Tisch decken*	**swim**	**swam**	[swæm]	*schwimmen*
shut up	**shut** up	[ʃʌt]	*den Mund halten*	**wake**	**woke**	[wəʊk]	*wecken*

▸ *Unregelmäßige Verben, pp. 63–66*

tidy ['taɪdi]	aufräumen	At the weekend I have to **tidy** my room.
£10 **a** week	10 Pfund pro Woche	How much pocket money do you get? – £10 **a** week. / £50 **a** month.
do a paper round ['peɪpə raʊnd]	Zeitungen austragen	I **do a paper round** every morning before school.

I'**m going to** do some chores.	Ich werde ein paar Hausarbeiten erledigen.	What **are** you **going to** do on Saturday? – I'**m going to** go to the cinema.
ask for sth.	um etwas bitten	Let's **ask** dad **for** some money.
Go for it, Luca!	Nichts wie ran, Luca!	
for example [ɪg'zɑːmpl]	zum Beispiel	I like ball games – basketball, **for example.**

Theme 2

p. 52	**arrangement** [ə'reɪndʒmənt]	Vereinbarung	! *English:* **make** an **arrangement** *German:* eine Vereinbarung treffen; etwas vereinbaren, etwas verabreden
	plan [plæn]	Plan	

Verben und Nomen, die dieselbe Form haben

answer	**1.** (be)antworten; **2.** Antwort	**plan**	**1.** planen; **2.** Plan
cook	**1.** kochen; **2.** Koch, Köchin	**play**	**1.** spielen; **2.** Theaterstück
drink	**1.** trinken; **2.** Getränk	**text**	**1.** eine SMS schicken; **2.** SMS; Text
help	**1.** helfen; **2.** Hilfe	**walk**	**1.** (zu Fuß) gehen; **2.** Spaziergang
phone	**1.** anrufen; **2.** Telefon	**work**	**1.** arbeiten; **2.** Arbeit

ice skating ['aɪs skeɪtɪŋ]	Schlittschuhlaufen	
It doesn't matter. ['mætə]	Es/Das ist egal.	
cheap [tʃiːp]	billig, preiswert	**cheap** ◄► **expensive**

	still [stɪl]	immer noch, noch immer	I can't meet you at 4. I **still** have to do my homework.
	next time	nächstes Mal	Maybe Laura can come **next time**.
	everybody else [els]	alle anderen; jede/r andere	Ellie is busy, but **everybody else** is free.
	glove [glʌv]	Handschuh	**a pair of gloves** 
	glasses *(pl)* ['glɑːsɪz], **sunglasses** *(pl)* ['sʌnglɑːsɪz]	*(eine)* Brille, *(eine)* Sonnenbrille	→ **glasses** und **sunglasses** sind immer Plural: I need my **glasses**. Where **are they**? Ich brauche meine Brille. Wo **ist sie**?
p. 53	**match** [mætʃ]	Spiel; Wettkampf	On Saturdays we often go and watch a football **match**.

Focus on language

p. 54	**activity** [æk'tɪvəti]	Aktivität	! Betonung auf der 2. Silbe: **activity** [æk'tɪvəti]
	adult ['ædʌlt]	Erwachsene(r)	Tickets are £1 for children and £2 for **adults**.
	free [friː]	kostenlos	! **free** = **1.** frei; **2.** kostenlos
	the **most** sports [məʊst]	die meisten Sportarten	! *Steigerung:* **much/many – more – (the) most**
p. 55	**careful** ['keəfl]	vorsichtig	

ice hockey ['aɪs hɒki]	Eishockey	
p. 56 **earth** [ɜːθ]	Erde	 ! *ohne Artikel* = **on earth** (auf der Erde)
circus ['sɜːkəs]	Zirkus	
shark [ʃɑːk]	Hai	a **shark** 
attack [ə'tæk]	Angriff	

Story

p. 57 **grow** [grəʊ], *simple past:* **grew** [gruː]	wachsen	
part [pɑːt]	Teil	
It's a deal! [diːl]	Abgemacht!	They're making a **deal**.

! *English:* **make** a **deal**
German: ein Geschäft abschließen, vereinbaren

I ca**n't** do **anything**. ['eniθɪŋ]	Ich kann nichts machen.	I'm too nervous – I ca**n't** eat **anything** at the moment.
sofa ['səʊfə]	Sofa	
rubbish ['rʌbɪʃ]	(Haus-)Müll, Abfall	
get rid of sth. [get 'rɪd]	etwas loswerden	
recycle [riː'saɪkl]	wiederverwerten	
open ['əʊpən]	öffnen	**open ◄► close**
dartboard ['dɑːtbɔːd]	Dartscheibe	
p. 58 **charity shop** ['tʃærəti ʃɒp]	*Geschäft, das gespendete Waren für wohltätige Zwecke verkauft*	
those CDs [ðəʊz]	die CDs dort; jene CDs	

this, that – these, those

- Wenn etwas näher beim Sprecher ist, verwendet man eher **this** und **these**.
- Wenn etwas weiter entfernt ist, verwendet man eher **that** und **those**.

	save [seɪv]	sparen *(Geld, Zeit)*	
	wall [wɔːl]	Wand; Mauer	
	den [den]	Versteck; Hobbyraum	
	comfortable ['kʌmftəbl]	bequem	
	dart [dɑːt]	(Wurf-)Pfeil	

He's playing **darts**.

	the 90s ['naɪntiz]	die Neunzigerjahre	
	dress [dres]	Kleid	
	arrive [ə'raɪv]	ankommen	The party was over when we **arrived**.
p. 59	**task** [tɑːsk]	Aufgabe	

Skills training

p. 60	**talk** [tɔːk]	Vortrag, Rede; Gespräch	
	show [ʃəʊ]	zeigen	Let me **show** you my new dartboard.
	speak **clearly** ['klɪəli]	deutlich sprechen	
p. 61	**give a talk**	einen Vortrag halten	
	free-time activities	Freizeitaktivitäten	
	e.g. [iː 'dʒiː] *(aus dem Lateinischen)*	z.B. (zum Beispiel)	! **e.g.** wird in geschriebenem Englisch benutzt. Wenn man spricht, sagt man **for example**.

gear [gɪə]	Ausrüstung	You don't need a lot of **gear** to go swimming.
etc. [ət'setərə] *(aus dem Lateinischen)*	usw. (und so weiter)	
relaxing [rɪ'læksɪŋ]	entspannend, beruhigend	
coach [kəʊtʃ]	Trainer/in	
p. 62 **comedy** ['kɒmədi]	Comedyshow; Komödie	
crime series, *pl* **crime series** ['kraɪm sɪəri:z]	Krimiserie	
series, *pl* **series** ['sɪəri:z]	(Sende-)Reihe, Serie	
documentary [dɒkju'mentri]	Dokumentarfilm	
soap [səʊp]	Seife; *(infml auch:)* Seifenoper	
reality show [ri'ælɪti ʃəʊ]	Realityshow	
reality [ri'ælɪti]	Wirklichkeit, Realität	! Betonung auf der 2. Silbe: **reality** [ri'ælɪti]
best	am besten	I think the chocolate cake looks **best**. ! *Steigerung:* **good – better – (the) best**
like sth. **best**	etwas am liebsten mögen	What do you **like best** – football, basketball or hockey?
find out about sth. [faɪnd 'aʊt]	sich über etwas informieren	**Find out about** the Drama Club at Eggy and give a short talk about it.

	be interested in ['ɪntrəstɪd]	sich interessieren für; interessiert sein an	**Are** you **interested in** science? Then join the Science Club.
p.63	**vote for** sb. [vəʊt]	für jn. stimmen	16 students **voted for** Ella, 12 students **voted for** Oliver. Ella is the new student leader.
	leader ['li:də]	Leiter/in, (An-)Führer/in	
	ticket office ['tɪkɪt ɒfɪs]	Kartenschalter	

Unit 4: Feeling good

p.68	**less** [les]	weniger	**less ◄► more**
	junk food ['dʒʌŋk fu:d]	ungesundes Essen	
	a lot (of) [lɒt]	viel, viele	I do **a lot of**/**lots of** sport in my free time.
	crisps *(pl)* [krɪsps]	Kartoffelchips	**!** **crisps** = Kartoffelchips **chips** = Pommes frites
	mostly ['məʊstli]	hauptsächlich; meistens	I eat **mostly** healthy food, but I love biscuits.
	sugary ['ʃʊgəri]	süß(lich); zuckerhaltig	
	sugar ['ʃʊgə]	Zucker	
	spend time/money (on) [spend], *simple past:* **spent** [spent]	Zeit verbringen (mit); Geld ausgeben (für)	Dad says I **spend** too much time in front of my computer. My brother **spends** a lot of money **on** DVDs.

crisps

chips

What would you like?	Was möchtest du?/ Was hättest du gern?	We have lots of different drinks. **What would you like?**
p. 69 **active** ['æktɪv]	aktiv	
advice [əd'vaɪs]	Rat, Ratschlag, Ratschläge	**!** *German:* Er gab mir **einen Rat**. *English:* He gave me **some advice**. *never:* He gave me ~~**an advice**~~/lots of ~~**advices**~~.
Keep it up. [kiːp ɪt 'ʌp]	Mach weiter so!	You do a lot of sport? Very good. **Keep it up**!
agree with sb./sth. [ə'griː]	jm./etwas zustimmen; mit jm./etwas übereinstimmen	**!** *German:* Ich **stimme dir zu**. *English:* I **agree with you**.
hand [hænd]	Hand	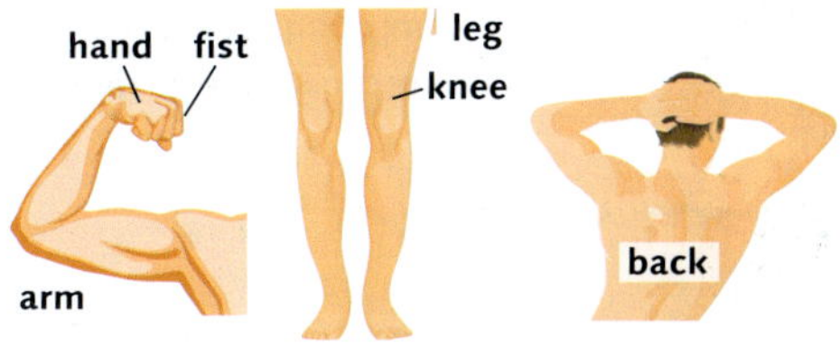
back [bæk]	Rücken; Rückseite	
arm [ɑːm]	Arm	
fist [fɪst]	Faust	
knee [niː]	Knie	**!** Aussprache – das „k" wird nicht gesprochen: **knee** [niː]

Theme 1

p. 70	**of course** [əv 'kɔːs]	natürlich, selbstverständlich
	baked potato [beɪkt pə'teɪtəʊ]	Ofenkartoffel *(in der Schale gebackene Kartoffel)*
	dessert [dɪ'zɜːt]	Nachtisch, Dessert
	pasty ['pæsti]	*Pastete mit Fleisch- und/oder Gemüsefüllung*
	meat [miːt]	Fleisch
	I've never had ...	ich habe (noch) nie ... gehabt
	have: **I've had ...** [hæd]	haben: ich habe ... gehabt
	before [bɪ'fɔː]	vorher; zuvor →

a baked potato

a pasty

before

1. **before** school/lunch/...
   vor der Schule/dem Mittagessen/...
2. **before** you go/read/...
   bevor du gehst/liest/...
3. I've never had a pasty **before**.
   Ich habe **vorher** noch nie/noch nie **zuvor** eine Pastete gegessen.

lunch box ['lʌntʃ bɒks]	Brotdose	
carrot ['kærət]	Karotte, Möhre, Mohrrübe	
orange juice ['ɒrɪndʒ dʒuːs]	Orangensaft	

p. 71	**doctor** ['dɒktə]	Arzt/Ärztin, Doktor	! *German:* beim **Arzt**/zum **Arzt** *English:* at the **doctor's**/to the **doctor's**
	dark [dɑːk]	dunkel	It's too **dark** in here. I can't see anything.
	cereals *(pl)* ['sɪəriəlz]	Getreide-, Frühstücksflocken	
	smoothie ['smuːði]	Smoothie *(Getränk aus Fruchtpüree, evtl. mit Milchprodukten)*	
	peanut butter [piːnʌt 'bʌtə]	Erdnussbutter	
	drink: **I've drunk ...** [drʌŋk]	trinken: ich habe … getrunken	
	none [nʌn]	keine(r, s)	
	eat: **I've eaten ...** ['iːtn]	essen: ich habe … gegessen	
	enough [ɪ'nʌf]	genug	I haven't eaten **enough**. I'm still hungry.

Theme 2

p.72 **skive** [skaɪv] *(infml)*	*(Schule)* schwänzen	
ill [ɪl]	krank	
stomach ache ['stʌmək eɪk]	Magenschmerzen	
headache ['hedeɪk]	Kopfschmerzen	

a stomach ache

a headache

He **has lost** his job. [lɒst]	Er hat seine Arbeitsstelle verloren.	
lose [lu:z], **lost, lost** [lɒst]	verlieren	**lose a job** ◄► **find a job** **lose a match** ◄► **win a match**
move (to) [mu:v]	umziehen (nach, in)	They **moved to** London, **to** a small flat in Richmond.
she **loves going** to …	sie geht sehr gern zu/nach …; sie liebt es, zu/nach … zu gehen	
a sore throat [sɔ: 'θrəʊt]	Halsschmerzen →	
throat [θrəʊt]	Hals	
cold [kəʊld]	Kälte; Erkältung	
temperature ['temprətʃə]	Temperatur; Fieber →	

Mit Artikel:
I have **a stomach ache**/**a headache**.
I have **a sore throat.**
I have **a temperature**.
Ich habe Magenschmerzen/Kopfschmerzen/Halsschmerzen/Fieber.

p. 73	**sleep** [sliːp]	Schlaf	! **sleep** = **1.** schlafen; **2.** Schlaf
	appointment [əˈpɔɪntmənt]	Termin, Verabredung	
	stop sth. [stɒp]	mit etwas aufhören; etwas stoppen	You shouldn't **stop** sport, but maybe you should **stop** your Saturday morning job. **start ◄► stop**
	I'm not feeling well. [wel]	Ich fühle mich nicht gut.	
	fresh [freʃ]	frisch	
	air [eə]	Luft	Open the window, we need some fresh **air**.

Focus on language

p. 74	**just** [dʒʌst]	gerade (eben), soeben	I'm new in London. I've **just** moved here.
	miss [mɪs]	verpassen	Oh, it's ten to eight. I mustn't **miss** the bus. ! **miss** = **1.** vermissen; **2.** verpassen
	not … yet [jet]	noch nicht	Have you finished your homework? – **Not yet**. I need another ten minutes.
	already [ɔːlˈredi]	schon	Do you have to go **already**? Can't you stay?

already • not … yet • never • just • before

already	Ellie and Mia have **already** finished their homework.	*schon*
not … yet	I've tidied my room, but I have**n't** finished my homework **yet**.	*noch nicht*
never	I've **never** played basketball.	*(noch) nie*
just	Your room looks great. – Yes, I've **just** tidied it.	*gerade (eben)*
not … before	Try my lasagne. – Thank you. I have**n't** eaten lasagne **before**.	*vorher noch nie*

be thirsty ['θɜːsti] durstig sein, Durst haben

be cross (with) [krɒs] böse sein (auf), sauer sein (auf) Mum **was cross with** me because I was late.

Unregelmäßige 3. Formen – Irregular past participles

bring	**brought**	**brought**	*(mit)bringen*	**go**	**went**	**gone** [ɒ]	*gehen*
buy	**bought**	**bought**	*kaufen*	**make**	**made**	**made**	*machen*
cut	**cut**	**cut**	*schneiden*	**meet**	**met**	**met**	*(sich) treffen*
do	**did**	**done** [ʌ]	*tun, machen*	**put**	**put**	**put**	*legen, stellen*
feed	**fed**	**fed**	*füttern*	**see**	**saw**	**seen**	*sehen*
find	**found**	**found**	*finden*	**sleep**	**slept**	**slept**	*schlafen*
forget	**forgot**	**forgotten**	*vergessen*	**speak**	**spoke**	**spoken**	*sprechen*

► *Unregelmäßige Verben, pp. 63–66*

p. 76 **everything** ['evriθɪŋ] alles **everything ◄► nothing**

Story

p. 77	**I don't feel like it.**	Mir ist nicht danach.	
	stadium ['steɪdiəm]	Stadion	
	disappointed (with sb./ sth.**)** [dɪsə'pɔɪntɪd]	enttäuscht (von jm./etwas)	He didn't get any birthday presents and was very **disappointed**.
	kitten ['kɪtn]	Kätzchen, junge Katze	
	phone call ['fəʊn kɔːl] *(oft auch kurz:* **call)**	(Telefon-)Anruf	
	call [kɔːl]	rufen; anrufen; nennen	Please **call** your dog. It's in our garden. **Call** me tomorrow. Here's my phone number. Her name is Jessica, but we **call** her Jess.
	miss/like/love sb. **so much** [səʊ 'mʌtʃ]	jn. so sehr vermissen/mögen/ lieben	I miss them **so much** I could cry all the time.
	positive ['pɒzətɪv]	positiv	**positive ◄► negative**
p. 78	**chat** [tʃæt]	Unterhaltung; Chat	**!** **chat** = **1.** sich unterhalten, chatten; **2.** Unterhaltung, Chat
	change [tʃeɪndʒ]	(ver)ändern; sich (ver)ändern	They've **changed** their plans: They want to meet at 10, not at 12. Suddenly the weather **changed** and it got very cold.

	joke [dʒəʊk]	Witze machen, scherzen	
	joke [dʒəʊk]	Witz	
p. 79	**forget about** sth.	etwas vergessen, nicht mehr an etwas denken	**Forget about** your bad day. Think about something good!
	smile [smaɪl]	lächeln	

Skills training

p. 80	**tall** [tɔːl]	groß *(Person)*; hoch *(Gebäude, Baum)*	
	short [ʃɔːt]	klein *(Person)*	! **short** = **1.** kurz; **2.** klein *(räumlich u. zeitlich)* **short ◄► long** *(Person)* **short ◄► tall**
	sporty ['spɔːti]	sportlich	
	clever ['klevə]	schlau, klug	
p. 81	**kind** [kaɪnd]	nett, freundlich	
	guy [gaɪ] *(infml)*	Typ, Kerl	

	easy-going [iːzi'gəʊɪŋ]	gelassen, locker	
	especially [ɪ'speʃəli]	besonders; vor allem	I love team sports – **especially** basketball.
	prefer sth. **(to** sth.**)** [prɪ'fɜː]	etwas (einer anderen Sache) vorziehen	My brother **prefers** football **to** basketball. (= He likes football more than basketball.)
	subject ['sʌbdʒɪkt]	Thema; *(in E-Mails)* Betreff	
	message ['mesɪdʒ]	Nachricht	
	look forward to sth. ['fɔːwəd]	sich auf etwas freuen	I'm **looking forward to** the weekend. We're going to go to the zoo.
p. 82	**ballroom dancing** ['bɔːlruːm 'dɑːnsɪŋ]	Standardtanz	
	gymnastics [dʒɪm'næstɪks]	Gymnastik	
	climb [klaɪm]	klettern	**!** *German:* **auf** einen Hügel/Baum **klettern** *English:* **climb** a hill/tree
	archery ['ɑːtʃəri]	Bogenschießen	
	judo ['dʒuːdəʊ]	Judo	
	dive [daɪv]	tauchen	
	enjoy [ɪn'dʒɔɪ]	genießen	
p. 83	**embarrassed** [ɪm'bærəst]	verlegen	I felt so **embarrassed** when my mobile rang.

Unit 5: Dartmoor adventures

pp. 88/89	**mud** [mʌd]	Schlamm, Matsch	
	national park [næʃnəl 'pɑːk]	Nationalpark	
	south-west [saʊθ'west]	Südwesten; nach Südwesten	

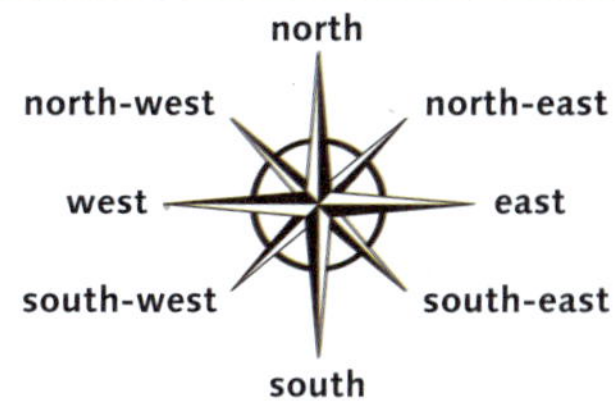

tourist ['tʊərɪst]	Tourist/in	! Betonung auf der 1. Silbe: **tourist** ['tʊərɪst]
river ['rɪvə]	Fluss	
everywhere ['evriweə]	überall	Oh no, look, now there's mud **everywhere**.
bite [baɪt], **bit** [bɪt], **bitten** ['bɪtn]	beißen	Don't feed the ponies, they **bite**.

Unregelmäßige 3. Formen – Irregular past participles

be	**was / were**	**been**	*sein*	**run**	**ran**	**run**	*rennen*
come	**came**	**come**	*kommen*	**say**	**said**	**said** [e]	*sagen*
drive	**drove**	**driven** [ɪ]	*fahren*	**sing**	**sang**	**sung**	*singen*
fall	**fell**	**fallen**	*(hin)fallen*	**take**	**took**	**taken**	*nehmen*
give	**gave**	**given**	*geben*	**tell**	**told**	**told**	*erzählen*
hear	**heard**	**heard** [ɜː]	*hören*	**win**	**won**	**won** [ʌ]	*gewinnen*
read	**read**	**read** [e]	*lesen*	**write**	**wrote**	**written** [ɪ]	*schreiben*

► *Unregelmäßige Verben, pp. 63–66*

drive **carefully** ['keəfəli]	vorsichtig fahren	! *German:* **Sei vorsichtig.** **Fahr vorsichtig.** *English:* **Be careful.** **Drive carefully.**
fox [fɒks]	Fuchs	
in the old days	früher	**In the old days**, there were no mobiles.
across Dartmoor/the street/the beach [ə'krɒs]	über das Dartmoor/die Straße/den Strand	
smell [smel]	riechen	Can you **smell** the cake? Yummy!

Theme 1

p. 90 the weather **will** be good [wɪl]	das Wetter wird gut sein	! I **will** have fun. I **want to** have fun. Ich **werde** Spaß haben. Ich **will** Spaß haben.
it **won't** rain [wəʊnt] (= it **will not** rain)	es wird nicht regnen	
rain [reɪn]	regnen	! **rain** = **1.** regnen; **2.** Regen
forecast ['fɔːkɑːst] (*kurz für* **weather forecast**)	Wettervorhersage	
foggy ['fɒgi]	neblig	
fog [fɒg]	Nebel	

take [teɪk], **took** [tʊk], **taken** ['teɪkən]	mitnehmen	
boot [buːt]	Stiefel	**walking boots** 
tent [tent]	Zelt	
p.91 **pack** [pæk]	packen, einpacken	
suncream ['sʌnkriːm]	Sonnencreme, Sonnenschutzmittel	
pyjamas *(pl)* [pə'dʒɑːməz]	Schlafanzug	
hairdryer ['heədraɪə]	Föhn, Haartrockner	
rucksack ['rʌksæk]	Rucksack	
jeans *(pl)* [dʒiːnz]	Jeans	

Nomen, die immer Plural sind

Diese Nomen sind immer Plural, anders als ihre deutschen Entsprechungen:

• My **trousers/jeans** **are** new. **They're** cool.	Meine **Hose/Jeans** **ist** neu. **Sie ist** cool.
• Your **pyjamas** **are** nice. **Are they** new?	Dein **Schlafanzug** **ist** schön. **Ist er** neu?
• **These** **tights** **are** nice. How much **are they**?	**Diese** **Strumpfhose** **ist** schön. Was **kostet sie**?
• I need my **glasses/scissors**. Where **are they**?	Ich brauche meine **Brille/Schere**. Wo **ist sie**?

list [lɪst]	Liste

Theme 2

p. 92 **slow** [sləʊ]	langsam	
quick [kwɪk]	schnell	

slow / slowly • quick / quickly

- a **slow song/computer/...** – **drive/talk/... slowly**
  ein langsames Lied / ein langsamer Computer / ... – langsam fahren/reden/...
- a **quick answer/dance/...** – **answer/talk/... quickly**
  eine schnelle Antwort / ein schneller Tanz / ... – schnell antworten/reden/...

listen **carefully** ['keəfəli]	aufmerksam/genau zuhören	
if [ɪf]	ob	**!** **if** = **1.** wenn, falls: We'll come to your party **if** we're free. **2.** ob: I don't know **if** I can come.
step [step]	Schritt	
forward ['fɔːwəd]	vorwärts, nach vorn	one step **forward** ◄► one step **back**
straight on [streɪt 'ɒn]	geradeaus (weiter)	

Turn left. **Go straight on.** **Turn right.**

p. 93 **safety** ['seɪfti] — Sicherheit

compass ['kʌmpəs] — Kompass

whistle ['wɪsl] — (Triller-)Pfeife

a **whistle**

plastic ['plæstɪk] — Plastik, Kunststoff

first-aid kit [fɜːst 'eɪd kɪt] — Erste-Hilfe-Kasten

Focus on language

p. 94 **cloud** [klaʊd] — Wolke

cloudy ['klaʊdi] — wolkig

put sth. **on** [pʊt 'ɒn] — etwas anziehen *(Kleidung)*; etwas aufsetzen *(Hut, Brille)*

She's **putting on** a pullover.

He's **putting on** his hat.

leave sth. [liːv], **left**, **left** [left]	etwas zurücklassen	
litter ['lɪtə]	Abfall	
litter bin ['lɪtə bɪn]	Abfalleimer, Mülleimer	
pick sth. **up** [pɪk 'ʌp]	etwas aufheben *(vom Boden)*, etwas hochheben	
police *(pl)* [pə'liːs]	Polizei	→ **police** ist immer Plural: Where **are** the **police**? We have to call **them**. Wo **ist** die **Polizei**? Wir müssen **sie** rufen.
p. 95 **future** ['fjuːtʃə]	Zukunft	
train [treɪn]	Zug	! *German:* Wir treffen uns **im Zug**. *English:* We'll meet **on the train**.
married (to) ['mærɪd]	verheiratet (mit)	! *German:* **verheiratet mit** *English:* **married to**
single ['sɪŋgl]	ledig, alleinstehend	not married
be good at sth.	etwas gut können; gut in etwas sein	My sister **is** really **good at** football.

p. 96	**season** ['siːzn]	Jahreszeit
	spring [sprɪŋ]	Frühling
	autumn ['ɔːtəm]	Herbst
	winter ['wɪntə]	Winter

The four seasons

degree [dɪ'griː]	Grad
cool [kuːl]	kühl
windy ['wɪndi]	windig
wind [wɪnd]	Wind
snowy ['snəʊi]	schneebedeckt; verschneit
snow [snəʊ]	Schnee
freezing ['friːzɪŋ]	eisig, eiskalt
minus ['maɪnəs]	minus

It'll be 14 **degrees** (14°) and very cloudy.

It's **freezing** – **minus** 4 degrees.

Story

p. 97	**stone** [stəʊn]	Stein
	bridge [brɪdʒ]	Brücke
	cottage ['kɒtɪdʒ]	Häuschen, Hütte
	cross [krɒs]	Kreuz

kilometre (km) ['kɪləmiːtə]	Kilometer	1,000 metres = 1 **kilometre**
take photos	fotografieren, Fotos machen	! *German:* Kannst du ein **Foto** von uns **machen**? *English:* Can you **take** a **photo** of us?

The two-tor adventure (pp. 97–99 and 122–123)

at the **bottom** (of) ['bɒtəm]	unten, am unteren Ende (von)
they **could** ... [kʊd]	sie konnten ...
far [fɑː]	weit (entfernt)

Die neuen Wörter aus *The two-tor adventure* kommen in der Geschichte des blauen Teams und in der Geschichte des roten Teams vor und stehen daher hier in alphabetischer Reihenfolge.

get [get], **got, got** [gɒt]	gelangen, (hin)kommen	

get, got, got		
1. bekommen	He **got** a job in London.	Er **bekam** eine Stelle in London.
2. werden	It **got** very hot in the room.	Es **wurde** sehr warm im Zimmer.
3. holen, besorgen	Can you go and **get** some milk?	Kannst du etwas Milch **holen** gehen?
4. gelangen, (hin)kommen	How can we **get** to the cottage?	Wie können wir zur Hütte **kommen**?

ground [graʊnd]	(Erd-)Boden	Don't sit on the **ground**. It's too cold.
out of ... ['aʊt əv]	aus ... (heraus/hinaus)	 **into** the house ◄► **out of** the house
rock [rɒk]	Fels, Felsen	
round [raʊnd]	rund	
scream [skriːm]	schreien	
shout [ʃaʊt]	rufen	

at the **top** (of) [tɒp]	oben, am oberen Ende (von), an der Spitze (von)	It was very cold **at the top of** the mountain. There's a pony **at the top of** the picture, and there are some sheep **at the bottom of** the picture. 
voice [vɔɪs]	Stimme	

Skills training

p. 100	**station** ['steɪʃn]	Bahnhof	! Betonung auf der 1. Silbe: **station** ['steɪʃn]
	platform ['plætfɔːm]	Bahnsteig, Gleis	
	passenger ['pæsɪndʒə]	Passagier/in, Fahrgast	
	on time	pünktlich	Our train arrived **on time**.
	leave [liːv], **left, left** [left]	abfahren; (weg)gehen	

leave, left, left

1. etwas/jn. **zurücklassen**	He **left** his dog in the car when he went shopping.
2. gehen, weggehen	I said goodbye and **left**.
3. abfahren	The train to Bristol will **leave** from platform 2 at 4:15.

Don't panic. ['pænɪk]	Keine Panik./Immer mit der Ruhe.	
ambulance ['æmbjələns]	Krankenwagen	! Betonung auf der 1. Silbe: **ambulance** ['æmbjələns]
p. 101 **emergency** [i'mɜːdʒənsi]	Notfall	In an **emergency**, you should call the police or an ambulance.
emergency services *(pl)* ['sɜːvɪsɪz]	Rettungsdienste	
accident ['æksɪdənt]	Unfall	There has been an emergency. Someone has had an **accident**.
mile [maɪl]	Meile *(ca. 1,6 km)*	
be hurt [hɜːt]	verletzt sein	
hurt [hɜːt], **hurt, hurt**	verletzen; wehtun	I think I've **hurt** my leg. And my back **hurts** too.

Unregelmäßige 3. Formen – Irregular past participles

grow	**grew**	**grown**	*wachsen*	**show**	**showed**	**shown**	*zeigen*
hide	**hid**	**hidden** [ɪ]	*(sich) verstecken*	**spend**	**spent**	**spent**	*verbringen (Zeit); ausgeben (Geld)*
ride	**rode**	**ridden** [ɪ]	*reiten; (Rad) fahren*	**swim**	**swam**	**swum**	*schwimmen*
ring	**rang**	**rung**	*läuten, klingeln*	**wake**	**woke**	**woken**	*wecken*
send	**sent**	**sent**	*schicken, senden*	**wear**	**wore**	**worn**	*tragen (Kleidung)*

► *Unregelmäßige Verben, pp. 63–66*

p. 102	**correct** [kə'rekt]	korrigieren, berichtigen	
	postcard ['pəʊstkɑːd]	Postkarte	
	letter ['letə]	Buchstabe	! **letter** = **1.** Brief; **2.** Buchstabe
	capital letter ['kæpɪtl]	Großbuchstabe	
	mistake [mɪ'steɪk]	Fehler	Can you check my postcard and correct the **mistakes**, please?
	kind (of) [kaɪnd]	Art, Sorte	! **What kind of** mistakes did you make? (= **Was für** Fehler hast du gemacht?/ **Welche Art von** Fehlern hast du gemacht?)
p. 103	**stamp** [stæmp]	Stempel	
	happy ending [hæpi 'endɪŋ]	Happy End	! *German:* **Happy End** *English:* **happy ending**
	flag [flæg]	Flagge, Fahne	

Unit 6: A journey in time

p. 108	°**journey** ['dʒɜːni]	Reise
	°**pilgrim** ['pɪlgrɪm]	Pilger/in
	°**leave** [liːv], **left, left** [left]	verlassen
	°**ship** [ʃɪp]	Schiff

Die Unit 6 ist keine Pflichtunit.
Aber wenn ihr die Unit im Unterricht behandelt, solltest du die neuen Wörter aus Unit 6 lernen. Dann kennst du sie schon, wenn sie im nächsten Band als Lernwortschatz im *Vocabulary* auftreten.

°sail [seɪl]	segeln, *(mit dem Schiff)* fahren	
°famous ['feɪməs]	berühmt	
°sailor ['seɪlə]	Seemann	
°fight [faɪt], **fought**, **fought** [fɔːt]	kämpfen	
°against [ə'genst]	gegen	
°the Spanish Armada ['spænɪʃ ɑː'mɑːdə]	die spanische Kriegsflotte	
°smuggler ['smʌglə]	Schmuggler/in	
°coast [kəʊst]	Küste	
p. 109 **°king** [kɪŋ]	König	
°legend ['ledʒənd]	Legende, Sage	
°pull [pʊl]	ziehen	
°sword [sɔːd]	Schwert	

! Das „w" wird nicht gesprochen: **sword** [sɔːd]

°become [bɪ'kʌm], **became** [bɪ'keɪm], **become**	werden	Arthur pulled a sword from a stone and **became** king.

°**magician** [mə'dʒɪʃn]	Zauberer, Zauberin	
°**the Romans** ['rəʊmənz]	die Römer/innen	
°**camp** [kæmp]	Lager	
°**all over** the country	überall im Land; im ganzen Land	
°**living history**	*etwa:* Geschichte zum Anfassen	

Story

p. 110 °**fantasy** ['fæntəsi]	Fantasie	
°**castle** ['kɑːsl]	Burg	
°**stairs** *(pl)* [steəz]	Treppe; Treppenstufen	**!** *German:* Die **Treppe** dort ist gefährlich. *English:* Those **stairs** are dangerous.
°**enter** ['entə]	eintreten	 *German:* **Betreten verboten!**
°**it's smelly** ['smeli]	es stinkt	
°**hall** [hɔːl]	Korridor, Gang	
°**magic** ['mædʒɪk]	Zauberei, Magie	

	°**play tricks** [trɪks]	Streiche spielen	
	°a long time **ago** [ə'gəʊ]	vor langer Zeit	! *German:* **vor** langer Zeit / **vor** 20 Minuten *English:* a long time **ago** / 20 minutes **ago**
	°**amazing** [ə'meɪzɪŋ]	erstaunlich	
	°**so far**	bis jetzt, bis hierher	
p. 111	°**stand** [stænd], **stood, stood** [stʊd]	stehen	
	°**off** the ship/bike/… [ɒf]	vom Schiff/Fahrrad/… herunter	
	°**run after** sb.	hinter jm. herlaufen	
	°**captain** ['kæptɪn]	Kapitän/in	
	°**bowls** *(pl)* [bəʊlz]	(Rasen-)Bowling	
	°**ticket** ['tɪkɪt]	Fahrkarte	! **ticket** = **1.** Eintrittskarte; **2.** Fahrkarte
	°**carriage** ['kærɪdʒ]	Kutsche	
	°**horse** [hɔːs]	Pferd	
p. 112	°**switch** sth. **on/off** [swɪtʃ 'ɒn], [swɪtʃ 'ɒf]	etwas einschalten / etwas ausschalten	It's so dark in here. Can you **switch on** the **lights**, please?
	°**lights** *(pl)* [laɪts]	Licht; Lampen	

	°**information** [ɪnfə'meɪʃn]	Information(en)	! Das englische Wort **information** hat keinen Plural: *German:* Hier **sind** die **Informationen** … *English:* Here**'s** the **information** …
	°**destroy** [dɪ'strɔɪ]	zerstören; vernichten	
	°**take** [teɪk], **took** [tʊk], **taken** ['teɪkən]	bringen	This man is hurt. We have to **take** him to hospital.
	°**ruins** *(pl)* ['ruːɪnz]	Ruine	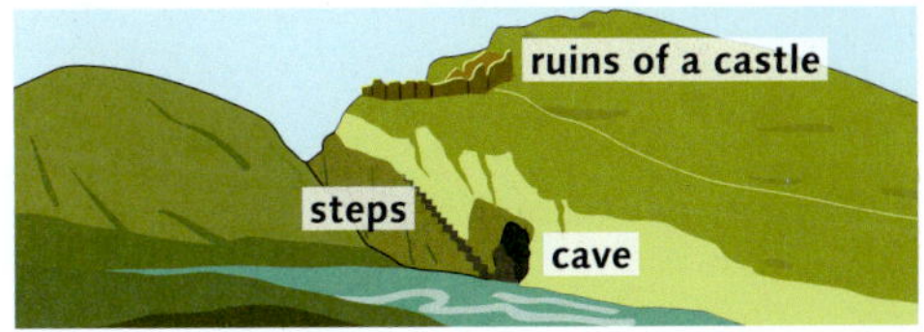
	°**cave** [keɪv]	Höhle	
p. 113	°**build** [bɪld], **built**, **built** [bɪlt]	bauen	
	°**step** [step]	Stufe	
	°**my lord** [lɔːd]	mein Herr	
	°**brush** [brʌʃ]	bürsten	! *German:* Sie **bürstete sich die** Haare. *English:* She **brushed her** hair.
	°**brush** [brʌʃ]	Bürste	
p. 114	°**up** the hill [ʌp]	den Hügel hinauf	**up** the hill ◄► **down** the hill
	°**throw** [θrəʊ], **threw** [θruː], **thrown** [θrəʊn]	werfen	
	°**statue** ['stætʃuː]	Statue	

	°**wave** [weɪv]	winken
p. 115	°**fantastic** [fæn'tæstɪk]	fantastisch, wunderschön
	°**track** [træk]	Pfad
	°**look up a word**	ein Wort nachschlagen
p. 117	°**island** ['aɪlənd]	Insel
	°**puppet** ['pʌpɪt]	(Hand-)Puppe, Marionette

Irregular verbs

infinitive	simple past	past participle	
be	*I/he/she/it* **was**; *you/we/you/they* **were**	**been**	sein
bite [aɪ]	**bit** [ɪ]	**bitten** [ɪ]	beißen
bring	**brought**	**brought**	bringen, mitbringen
buy	**bought**	**bought**	kaufen
come	**came**	**come**	kommen
cut	**cut**	**cut**	schneiden; *(Rasen)* mähen
do	**did**	**done** [ʌ]	tun, machen
drink	**drank**	**drunk**	trinken
drive [aɪ]	**drove**	**driven** [ɪ]	*(mit dem Auto)* fahren
eat	**ate** [et, eɪt]	**eaten**	essen
fall	**fell**	**fallen**	fallen, hinfallen
feed	**fed**	**fed**	füttern
feel	**felt**	**felt**	fühlen; sich fühlen

infinitive	simple past	past participle	
find	**found**	**found**	finden
forget	**forgot**	**forgotten**	vergessen
get	**got**	**got**	bekommen; holen, besorgen; werden; gelangen, (hin)kommen
give	**gave**	**given**	geben
go	**went**	**gone** [ɒ]	gehen
grow	**grew**	**grown**	wachsen
have	**had**	**had**	haben
hear [ɪə]	**heard** [ɜː]	**heard** [ɜː]	hören
hide [aɪ]	**hid** [ɪ]	**hidden** [ɪ]	verstecken; sich verstecken
hurt	**hurt**	**hurt**	verletzen; wehtun
know [nəʊ]	**knew** [njuː]	**known** [nəʊn]	wissen; kennen
leave	**left**	**left**	abfahren; (weg)gehen; zurücklassen
lose [uː]	**lost** [ɒ]	**lost** [ɒ]	verlieren
make	**made**	**made**	machen

infinitive	simple past	past participle	
meet	**met**	**met**	treffen; sich treffen; kennenlernen
put	**put**	**put**	*(etwas wohin)* tun, legen, stellen
read [iː]	**read** [e]	**read** [e]	lesen
ride [aɪ]	**rode**	**ridden** [ɪ]	reiten; *(Rad)* fahren
ring	**rang**	**rung**	läuten, klingeln
run	**ran**	**run**	rennen, laufen
say [eɪ]	**said** [e]	**said** [e]	sagen
see	**saw**	**seen**	sehen
send	**sent**	**sent**	schicken, senden
set the table	**set**	**set**	den Tisch decken
show	**showed**	**shown**	zeigen
shut up	**shut**	**shut**	den Mund halten
sing	**sang**	**sung**	singen
sit	**sat**	**sat**	sitzen

infinitive	simple past	past participle	
sleep	**slept**	**slept**	schlafen
speak	**spoke**	**spoken**	sprechen
spend	**spent**	**spent**	ausgeben *(Geld)*; verbringen *(Zeit)*
swim	**swam**	**swum**	schwimmen
take	**took**	**taken**	nehmen; mitnehmen
tell	**told**	**told**	erzählen, berichten
think	**thought**	**thought**	denken
understand	**understood**	**understood**	verstehen
wake	**woke**	**woken**	wecken
wear [eə]	**wore** [ɔː]	**worn** [ɔː]	tragen, anhaben *(Kleidung)*
win	**won** [ʌ]	**won** [ʌ]	gewinnen
write	**wrote**	**written**	schreiben

Learning words

- Führe dein Vokabelheft, dein Ringbuch oder den Karteikasten aus Klasse 5 weiter.
- Lerne nur 5–10 Vokabeln auf einmal.
- Lerne und wiederhole regelmäßig, am besten täglich 10 Minuten.
- Lerne mit jemandem zusammen, fragt euch gegenseitig ab. Es macht mehr Spaß und vielleicht erhältst du Tipps, wie man gut Vokabeln üben kann: durch Hören, durch Bilder oder mit dem e-Workbook.
- Schreibe schwierige Vokabeln auf selbstklebende Zettel. Die klebst du zu Hause an Gegenstände, die du immer wieder ansiehst.

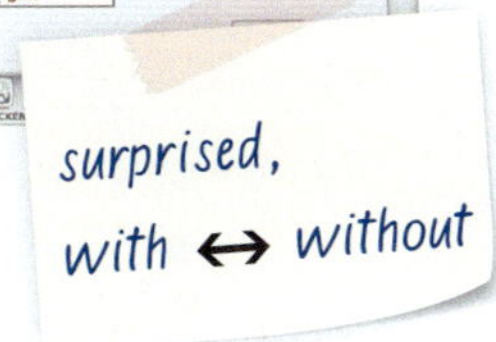

So kannst du dir neue Wörter besser merken:

1 *Word fields* (Wortfelder)

- Ordne die Wörter unter einem Oberbegriff. Male Bilder dazu, dann kannst du dir die Wörter noch besser merken.

- Oder arbeite mit Karteikarten. Schreibe den Oberbegriff in Großbuchstaben oben in die Mitte der Karte und die zu dem Wortfeld gehörenden Wörter darunter. Oder schreibe den Oberbegriff auf die Vorderseite und die Wörter dazu auf die Rückseite.

HOLIDAYS

countries	weather	places	activities
Italy	sunny	sea	go swimming
Spain	warm	beach	play football
…	…	…	…

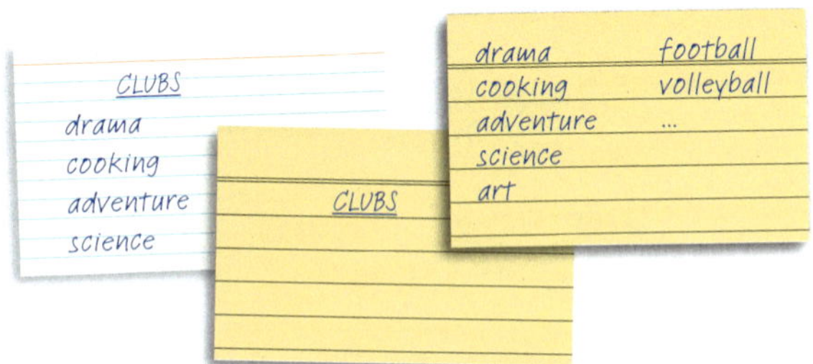

2 *Networks* (Wortnetze)

Du hast bereits Wörter in Wortnetzen gesammelt und geordnet. Wortfelder kannst du gut in deine Wortnetze einbauen. Ergänze die Wortfelder, wenn du neue passende Wörter lernst.

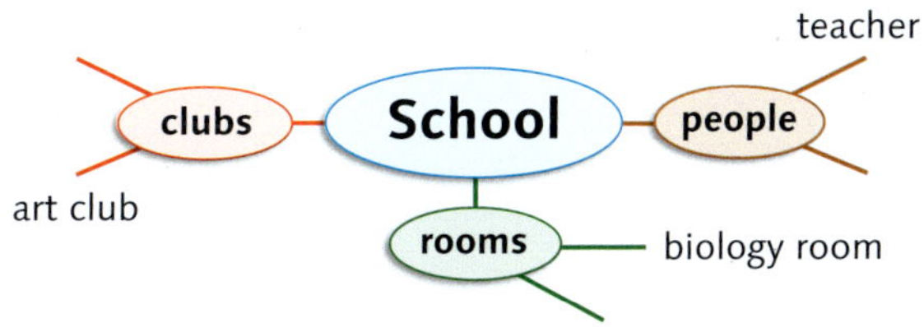

3 *Opposites* (Gegensatzpaare)

Sammle Gegensatzpaare und schreibe sie z.B. auf die letzte Seite deines Vokabelhefts.

4 Lerne *phrases* statt Einzelwörter

Phrases sind Ausdrücke von zwei oder mehreren Wörtern, z.B. a *bottle of water* = eine Flasche Wasser. Lerne also nicht *bottle* und *water* als Einzelwörter, sondern den ganzen Ausdruck: *a bottle of water*.

Weitere Beispiele:	*lunchtime*	→	*at lunchtime*
	trip	→	*do a trip*
	listen	→	*listen to a song*
	sad	→	*feel sad*

Quellen

Titelbild

Trevor Burrows Photography, Plymouth

Illustrationen

Jeongsook Lee, Heidelberg (S. 6–7; S. 11; S. 15; S. 17–18; S. 20 unten; S. 23–25; S. 28–29; S. 33; S. 39; S. 44; S. 49–54; S. 61; S. 67)

Bildquellen

Alamy, Abingdon (S. 21: Striking Images; S. 70: Myrleen Pearson);
Fotolia.com (S. 58: ioannis kounadeas);
iStockphoto.com (S. 8: Orchidpoet; S. 37 links: Andrey Matyuk; S. 38 baked potato: Joe Gough; S. 59: Reuben Schulz; S. 60: majana);
Shutterstock (S. 9: Koshevnyk; S. 15: mdd; S. 16: Olga Sapegina; S. 18: ClintLovell; S. 19 white bread: Julia Ivantsova, black bread: Danicek; S. 20 a firework: Miguel Angel Salinas Salinas, fireworks: Petr Vaclavek; S. 22: imortalcris; S. 24: Goh Hock Choon; S. 27 pockets: urfin, bags: Africa Studio; S. 31: Grandpa; S. 32: The Greatest Show: africa924, shark: Andreas Meyer, unten: bioraven; S. 34: Vladimir V. Georgievskiy; S. 36 oben: Jiri Hera, unten: Sergey Mironov; S. 37 Mitte: Anlena Rozova, rechts: Sergieiev; S. 38 pasty: Tatyana Vishnayakova; S. 40 links: Cupertino, rechts: Yuri Arcurs; S. 46: Yulia Glam; S. 48: forest badger; S. 50: optimarc; S. 67 elephant: Talvi, chimpanzee, bear, cat, sheep, cow: Eric Isselée, guinea pig: vovan, chicken: s_oleg, rabbit: Stefan Petru Andronache; S. 68 sun: pio3, football: David Spieth; S. 69 sunny/rainy: Thomas Amby, friendly/unfriendly: azuzl)

English G · Lighthouse · Band 2

Vokabeltaschenbuch

Im Auftrag des Verlages herausgegeben von
Wolfgang Biederstädt, Köln
Frank Donoghue, Nenagh, Ireland

Erarbeitet von
Uwe Tröger, Hannover

Illustrationen
Jeongsook Lee, Heidelberg

Layoutkonzept und technische Umsetzung
Klein & Halm Grafikdesign, Berlin

Umschlaggestaltung
Cornelsen Verlag Design unter Verwendung der Entwürfe von Klein & Halm Grafikdesign, Berlin, und kleiner & bold, Berlin

www.cornelsen.de

1. Auflage, 6. Druck 2019

Alle Drucke dieser Auflage sind inhaltlich unverändert und können im Unterricht nebeneinander verwendet werden.

Druck: H. Heenemann, Berlin

ISBN 978-3-06-033447-6

PEFC
PEFC/04-31-1156

PEFC zertifiziert
Dieses Produkt stammt aus nachhaltig bewirtschafteten Wäldern und kontrollierten Quellen.

www.pefc.de